JN105051

教室でチャレンジ！

エスディージーズ

SDGs

ワークシヨツプ

② SDGsポスター をかこう

著／稲葉茂勝
監修／小石新八

はじめに

　最近よく聞くようになった「ワークショップ」という言葉は、もともと英語の workshop からきたもので、「作業場」「仕事場」という意味です。それが、いまでは「あるテーマにしたがって、みんなが主体的に課題を体験しながら学ぶ場所」という意味でつかわれるようになりました。

　そこでぼくは、①折り紙　②ポスター　③絵手紙・かるた　④新聞　⑤タギング　といった作業を体験しながら、SDGsをより深く学び、そして、みんなでひろめていくための「SDGsワークショップ」をしようと考え、小学校や地域のイベントなどさまざまな場所で実践してきました。

　ぼくは、この本をつくる前に「SDGsのきほん　未来のための17の目標」全18巻、『これならわかる！SDGsのターゲット169徹底解説』『教科で学ぶSDGs学』など、SDGsに関する本を30冊以上書いてきました。なぜなら、SDGsについてみんなに知ってもらいたいことがたくさんあったからです。

　そして今回は、「SDGsワークショップ」を開いたり、本を書いたりしてみんなに学んでもらうだけではなく、SDGsをひろめていくための5つの提案をさせていただきます。

1 はじめてのSDGs 折り紙からはじめよう

2 SDGsポスターをかこう

3 SDGs絵手紙・かるたをつくろう

4 SDGs新聞をつくろう

5 SDGsタギングに挑戦 さがそう！身近なSDGs

　この本を手にとってくれたみんなは、SDGsについてたくさんのことを知っているでしょう。でも、この本ではSDGsについてぼくなりの説明をしますので、みんなの知識を確認し、よりしっかり定着させてください。そのために、「Q（クイズ）」を入れたり、「ものしりコーナー！」をつくったりと、さまざまなくふうを試みました。

　SDGsの17の目標達成のための努力は、だれ一人として、しないわけにはいきません。それは、「自分だけが感染症にかからない」「戦争が起こっても巻きこまれない」などといえないのと同じです。

　みんなで努力をしていかないと、地球は、世界は、人類は、持続不可能になってしまいます。人類を持続可能にするために、みんなで目標達成に向けて努力しなければなりません。SDGsは、すべての人びとが達成のために努力すべき目標なのです。

子どもジャーナリスト
Journalist for Children　**稲葉茂勝**

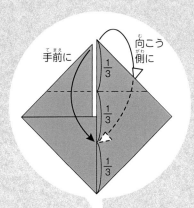

手前に　向こう側に

$\frac{1}{3}$
$\frac{1}{3}$
$\frac{1}{3}$

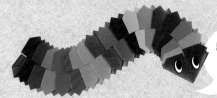

QRコードを読みこむと、ウェブサイトから折り方の動画を見たり、折り紙用紙をダウンロードしたりできるよ。

パーツ Ⓐ の完成！

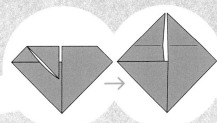

つの　つの

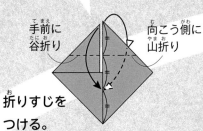

手前に谷折り　向こう側に山折り

折りすじをつける。

折りすじを元にもどす。

パーツ Ⓑ の完成！

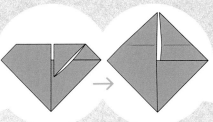

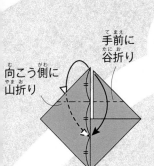

向こう側に山折り　手前に谷折り

折りすじをつける。

折りすじを元にもどす。

つの　つの

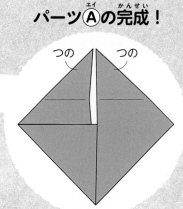

最後につのを折りこむ。

合体のしかた

合体パーツ完成！

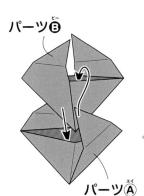

パーツ Ⓑ

パーツ Ⓐ

ⒶのコップのようになっているところにⒷをさしこむ。

ⒶのつのをⒷのコップのようになっているところにさしこんで合体

うら側も

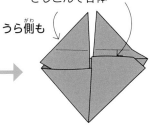

この合体パーツを17色つくる。

次の色の合体パーツ

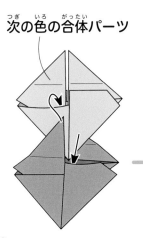

次つぎとさしこんでつないでいく。

完成！

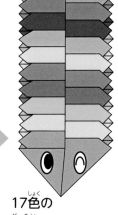

17色の合体パーツがつながった！

もくじ

パート❶ 知識編「これだけはおぼえておこう」

1 いまさら聞けない「SDGs」‥‥‥‥‥‥‥‥‥‥‥ 4

■ ポスターの歴史 ‥‥‥‥‥‥‥‥‥‥‥‥‥‥‥‥ 6

2 SDGsポスターをつくるわけ ‥‥‥‥‥‥‥‥‥ 8

■ はじめての「SDGs全国子どもポスターコンクール」‥‥ 10

パート❷ 実践編「こうすればいいんだ！」

1 ポスターのえがき方の基本 ‥‥‥‥‥‥‥‥‥ 12

2 目立つポスターのデザイン ‥‥‥‥‥‥‥‥‥ 14

3 SDGsポスターをつくる手順 ‥‥‥‥‥‥‥‥ 16

4 ポジティブ・ネガティブ ‥‥‥‥‥‥‥‥‥‥ 18

5 かきやすいポスターは？ ‥‥‥‥‥‥‥‥‥‥ 20

■ 日本のESD ‥‥‥‥‥‥‥‥‥‥‥‥‥‥‥‥‥ 22

6 目標14・15は双子の目標 ‥‥‥‥‥‥‥‥‥ 24

■ 2つの目標のポスターをつくる ‥‥‥‥‥‥‥ 26

パート❸ 役立ち資料

1 環境分野のターゲットを確認しよう

・SDGs目標6「安全な水とトイレを世界中に」‥‥‥ 28

・SDGs目標13「気候変動に具体的な対策を」‥‥‥ 29

・SDGs目標14「海の豊かさを守ろう」‥‥‥‥‥‥ 30

・SDGs目標15「陸の豊かさも守ろう」‥‥‥‥‥‥ 31

2 もっと見てみよう！ 全国みんなのSDGsポスター‥‥ 32

3 子どもたちと黒田征太郎さんとのコラボレーション ‥ 36

● 用語解説＊ ‥‥‥‥‥‥‥‥‥‥‥‥‥‥‥‥‥ 38

● さくいん ‥‥‥‥‥‥‥‥‥‥‥‥‥‥‥‥‥‥ 39

＊本文中に青い文字で示した用語を解説します。

1 いまさら聞けない「SDGs」

「SDGsはとてもたいせつ。みんなにもっと知ってもらいたい」、そんな思いでいる人は多いでしょう。そう思う人のなかには、ポスターをつくって、みんなにひろめようと考える人もいるはずです。この本は、ポスターをつくってSDGsをひろめるためにつくったものです。

SDGsの目標をえがいたイラスト

①〜⑫はイラストレーター・グラフィックデザイナーとして世界的に知られる黒田征太郎さんが、SDGsの目標をイメージしてえがいた絵です。じっくり見てから、右ページのクイズをやってください。

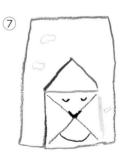

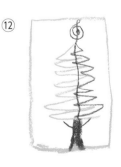

Q1

左ページの①〜⑫は、SDGsの目標を短くあらわした文（テーマ）ア〜チのうち、どれをえがいたものでしょう？

- ア 目標1 貧困をなくそう
- イ 目標2 飢餓をゼロに
- ウ 目標3 すべての人に健康と福祉を
- エ 目標4 質の高い教育をみんなに
- オ 目標5 ジェンダー平等を実現しよう
- カ 目標6 安全な水とトイレを世界中に
- キ 目標7 エネルギーをみんなにそしてクリーンに
- ク 目標8 働きがいも経済成長も
- ケ 目標9 産業と技術革新の基盤をつくろう
- コ 目標10 人や国の不平等をなくそう
- サ 目標11 住み続けられるまちづくりを
- シ 目標12 つくる責任つかう責任
- ス 目標13 気候変動に具体的な対策を
- セ 目標14 海の豊かさを守ろう
- ソ 目標15 陸の豊かさも守ろう
- タ 目標16 平和と公正をすべての人に
- チ 目標17 パートナーシップで目標を達成しよう

「ポスター」という言葉はふつうにつかっているけれど、そもそもどういうものなのか？はじめにしっかり確認しておこうね。

🔍 ものしりコーナー！

ポスターの定義

「ポスター」とよばれるものの明確な定義はないが、一般には、屋外や屋内の壁や柱などにはるためにつくった、広報および広告を目的とする紙（印刷物）だとされている。絵や写真、文字などによって多くの人の意識や関心をひきつけるのが目的。文字だけのものや、絵や写真だけでデザインされたものもある。現在では、ポスターはグラフィックデザイン（→p38）の重要な分野となっている。

なお、グラフィックデザインとは、情報やメッセージを伝達する手段として、絵や写真、文字などを使用して制作されたデザインのこと。左ページのイラストをえがいた黒田征太郎さんは、日本のグラフィックデザイナーの草分けの一人。現在はイラストレーター、画家として国内外で活躍している。

ポスターの歴史

ここで、ポスターについてもう少しくわしく見てみましょう。多くの人に何かを宣伝するとき、ポスターは有効な手段。インターネットなどが発達していなかった時代には、いま以上に、その役割が大きかったことが、歴史を見るとよくわかります。

戦争と文化

ポスターの起源は、支配者が手書きの紙をはり出していた時代にまでさかのぼりますが、正確にはわかっていません。ただし、印刷されたポスターがはり出されたのは、アロイス・ゼーネフェルダーが石版印刷（リトグラフ）を発明した1798年以降であることはまちがいありません。

19世紀の半ばごろには、印刷技術が向上し、ポスターの大量生産が可能となりました。

当初のポスターには文字だけのものが多く、支配者（政府）の考えを民衆（国民）に通達する役目をになっていました。

広告としてポスターが利用されるようになると、芸術的価値がみとめられるようになります。その後、さらなる大量印刷が可能になり、新たにカラフルな色のポスターが大量生産されるようになって、「ポスターアート」が花開きます。ポスターがさまざまな製品を宣伝するためにつかわれ「ポスターの黄金時代」となりました。

しかし、そうした時代もしだいにかげりを見せはじめます。その後、雑誌・ラジオなど、新しい広告の手段が登場。第一次世界大戦後には、ポスターはしだいに衰退していきます。しかも、やぶれたポスターはごみとしてまちじゅうに散乱し、まちをよごすものとしてきらわれるようになりました。ところが、第二次世界大戦が起こると、ポスターは軍事や政治目的に利用されたのです。はなやかで芸術的なポスター文化はすっかりかげをひそめてしまいました。

ポスターがふたたび日の目を見たのは、1960年代も半ばすぎでした。ポスターの流行が再燃し、「第二の黄金時代」となりました。

そのころ「ポップアート（→p38）」が誕生。また、世界じゅうで学生運動や反戦運動がまき起こりました。ポップアートや学生運動はどちらも、ポスター文化を大きくおし進めました。

たとえばフランスの学生たちが1968年の「5月革命」の際、自分たちの主張を広く伝えるためにまちにはり出した手づくりのポスターの数かずは、当時高く評価されました。また、1968年のパリでの学生による暴動のなかでジム・フィッツパトリックがつくったチェ・ゲバラ（→p38）のポスターは、若者の反乱のシンボルとして、世界じゅうで知られるようになりました。

アイルランド人のアーティスト、ジム・フィッツパトリックが、キューバの写真家が撮影したチェ・ゲバラの顔写真を加工したもの。この画像は、さまざまなバージョンのポスターなどとして、世界じゅうにひろまった。

ポスターをはる場所

ここでクイズに挑戦してください。

Q2 「ポスター」という言葉は、次のどれからきているでしょうか？

㋐ 「柱」「掲示する」という意味の「ポスト」から

㋑ 「ポストに入れる」という意味の「ポスティング」から

㋒ デモ行進などで、文字を書いて持ちあるく「プラカード」から

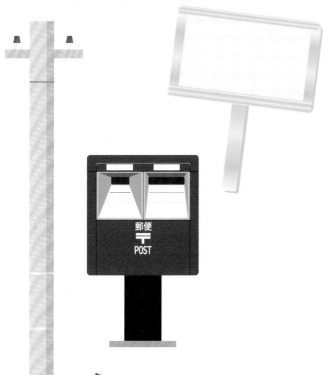

ポスターはフランス語でアフィーシュ affiche、ドイツ語でプラカート Plakatというんだよ。

当初ポスターは、おもにポスト（柱）にはられていましたが、しだいに壁やへい、電車やバスの車内などにも掲示されるようになりました。また、政治的なポスターが公の場所にはられました。ヨーロッパなどでは、街頭にポスター掲示板が設置されている国もあります。

いま、日本では、街頭のポスター掲示板はほとんどありませんが、「駅はりポスター」「車内づり（中づり）ポスター」「額面ポスター（車輌の壁などにはる、ふちつきのポスター）」などの交通関係のポスターや、美術館の展示やイベントの内容を告知するポスターは、まだつかわれています。なお、国政選挙の際の候補者のポスターは、選挙管理委員会が設置するポスター掲示板にはることが決められています。

電車内には、中づりポスターや額面ポスターがたくさん。

選挙の候補者のポスターをはるための掲示板。

2 SDGsポスターを つくるわけ

なぜポスターをつくるのでしょうか。それは、6ページで見たポスターの歴史からもわかるとおり、「広告」のためです。では「広告」とは？ 辞書では「商用や公共意識の喚起などのために広く宣伝すること」とあります。

「公共意識の喚起」とは

　「公共意識」とは、公共性を意識すること。「公共性」は、「社会に影響する性質」のこと。また、「喚起」は「よび起こすこと」です。

　ポスターは、公共機関を喚起させるものであることから、SDGsをひろげるのに適しているといえます。なぜなら、SDGsは社会全体にかかわること、すなわち公共の目標だからです。この「SDGsワークショップ」シリーズにポスターづくりを組みこんだのも、そのためです。

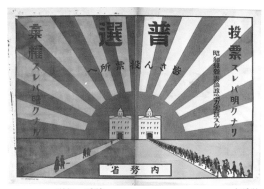

ポスターは選挙の広報にもよくつかわれる。これは、普通選挙法にもとづいてはじめておこなわれた衆議院議員総選挙（1928年）への投票をよびかけるポスター。

　第二次世界大戦中、日本をふくめ多くの国が国民を戦争にかりたてるためにポスターを利用しました。このように、ポスターは戦争という人類の暗い歴史を思い起こさせる存在でもあり、他方では、芸術にまで高められた人類の明るい歴史の象徴にもなっているのです。

商品の広告

　かつてのポスターは「公共意識の喚起」のためにさかんにつくられましたが、ポスター史上早い時期から、モノやサービスの宣伝のためにも利用されてきました。

　現代になると、ポスターはじつにさまざまな目的につかわれるようになります。自動車、マンション、家電など、あらゆる商品の広告、また、映画や音楽（コンサート）、観光といったあらゆるサービスを宣伝するポスターが、まちじゅうをいろどっています。

SDGs意識を喚起するために

いうまでもなく、SDGsは人類の目標。すべての人が、SDGsの17個の目標のために、それぞれのできることをしていかなければなりません。そうしないと、地球は、世界は、人類はやっていけなくなるといわれています。つまり持続不可能になると。

でも、日ごろからSDGsの目標を意識して生きている人は、まだまだ少数です。だから、SDGs意識の喚起が必要なわけです。

そこで、この本ではみんなにSDGsポスターをつくってもらい、人びとのSDGs意識を喚起したいと考えているのです。

どんなSDGsポスターにするか?

まず、SDGsそのものを知らせるためのポスターをつくってみましょう。たとえば、次のことを一人でも多くの人に知らせるポスターというのはどうでしょうか。

● SDGsという人類の目標が17個あること
● SDGsとは何か
● SDGsの達成の期限がいつか

次に、17個の目標の1つひとつがどういう目標かをみんなに知らせて、SDGs意識を喚起するようにしてみてはどうでしょうか。

17個の目標のうち、自分の興味・関心のあるものを選べばいいよ。
もちろん1つでも、複数個でもいいよ。

SDGsポスターは、つくる過程が大事

SDGsポスターをつくるには、SDGsについてしっかりわかっていなければなりません。とくに17個の目標をポスターにしようとすれば、その目標について理解して、何を伝えるかを明確にしておかなければなりません。

たとえば、目標1の「貧困をなくそう」のポスターをつくろうとするなら、「貧困」とはどういうことかを調べ、理解しておく必要があります。ただ、言葉だけを唱えるのでは、みんなのSDGs意識を喚起することはできません。

このように、SDGsポスターをつくるのは、ポスターをえがくこと自体はもちろん、えがくまでの過程が大事です。なぜなら、ポスターをつくろうとする人自身がSDGsをより深く学ぶことになるからです（→p12）。

貧困って何だろう?

どんな貧困がある?

こんな絵で伝えてみよう!

世界の貧困

はじめての「SDGs全国子どもポスターコンクール」

このコンクールは、NPO法人子ども大学くにたち（→p38）という小さなNPOが2020年にはじめたものです。しかも本部は、全国的に見れば知らない人が多い東京都の小さなまちにあります。それなのに……。

北は北海道、南は沖縄からも

第1回の応募受け付けは、2020年7月15日に開始されました。最初の1週間にきた応募は3件。「夏休みになればきっと……」と期待していましたが、毎日、数件の応募があるだけの日が続きました。事務局のなかでは、応募総数は200〜300かな？　と予想していたといいます。「何でも最初はそんなもの」と、落胆。ところが、8月の最終週になると応募ポスターが増えはじめ、9月に入ると状況が大きくかわりました。全国津々浦々からの応募があり、「竹富島って、どこ？」といって、スタッフの一人が調べると、沖縄の離島だとわかり、事務局は大さわぎ。

締め切りは9月15日。最後の3日間だけで1000点以上の応募がありました。応募総数2512点！　おどろいたのは事務局だけではありません。郵便局でした。

文部科学大臣賞の授与認可

このコンクールをはじめるにあたり、「ジャパンSDGsアワード[1]」をおこなっているのが外務省であることから、このコンクールにも外務省後援を依頼。すると、SDGsの普及が目的であることなどが評価され、後援名義が認可されました。そのため、小さなNPOが主催するコンクールでありながらも、外務省と地元国立市が後援するものとなったのです。

翌年の第2回に向けて、各方面に対し最初の実績をもとに、コンクールの存在の告知と後援名義を申請したところ、文部科学省、東京都、JICA[2]などの後援が新たにつくことになりました。

果たして、第2回の応募総数は約12000点と、前年の約5倍となりました。しかも、海外にある日本人学校からの応募が100点近くあったのです。

そうしたこともあり、2022年の第3回は、関係者の念願だった「文部科学大臣賞」創設が認可されたのです。

[1] SDGs達成のためにすぐれた取り組みを進める企業や団体を表彰する。
[2] Japan International Cooperation Agency の略で、国際協力機構のこと。外務省所轄の独立行政法人。

北海道・札幌市

沖縄県・竹富島

東京都国立市

福岡県・勝山市

福岡県・大牟田市

2022年度第3回で文部科学大臣賞にかがやいた、神奈川県厚木市立南毛利中学校2年生の作品。

人や国の不平等をなくそう

審査のようす

このコンクールの審査は、予備審査・1次審査・2次審査とおこない、最終審査は、東京都新宿区市ヶ谷にある「JICA地球ひろば」でおこないました。

広い会場に約300点をならべ、審査員たちが投票。入選作品を決定し、それらのなかから審査員全員で話しあって、それぞれの賞を決めていきました。意見がわれて時間がかかりましたが、各審査員は、どうして自分がその作品を推せんするかを熱く語っていました。

2021年度　第2回の審査員賞・金賞を受賞した、神奈川県横浜雙葉小学校6年生の作品。

SDGsの普及のカギは教育

このコンクールの目的は、SDGsの普及です。審査員、事務局をはじめすべての関係者が、

「SDGsをもっと日本でひろめなければならない」
「SDGsの目標達成のために、自分にできることがあればやりたい」

などと考えている人たちで、胸にSDGsバッジをつけています。こうした関係者にとっての「できること」の1つが、審査であり事務作業だということです。

さらに、関係者が共有することとして、

「SDGsは、学校で学習し、体験して、それを家庭に持ちかえり、家庭から地域にひろめるのが有効」

といった考えをもっています。すると、

「学校や家庭でポスターをつくって、まちのあちこちにはるといった活動は、とてもよいこと」

となるわけです。これこそが、このコンクールをはじめた理由であり、目的です。

第2回の最終審査のようす。2次審査を通過したポスターすべてをテーマごとに分けてテーブルにならべ、全審査員が確認して選考した。

1 ポスターの えがき方の基本

「コンクールでは、過去の入選作品をまねるとよい」とよくいわれます。過去の応募作品を見て、どういうものが入選しているかを学ぶことが入選するコツだというのです。ほんとうにそうでしょうか？

「学ぶ」のはいいけれど

一般にコンクールには、「過去に入選している作品を調べて、全体のようすや作品の特徴を学習するように」、また「優秀作品をまねするのはいけないが、参考にするならよい」「文字の配置や絵のふんいきを参考にするならよい」などといわれることがあります。

「SDGsポスター」をえがく際に、ほかの作品を「学習」するのは、とてもよいことなのです。どういうことでしょうか？ 理由は、「何のためにSDGsポスターをつくるのか？」を考えるとわかります。

それは、「SDGs意識の喚起」（→p9）のためです。それも、ポスターをつくる過程で、自身がSDGsをより深く学ぶためなのです。ポスターをじょうずにえがくことが目的ではありません。

目標14はどうしてウミガメばかり？

右のページには、「第１回SDGs全国子どもポスターコンクール」の応募作品の一部をのせました。すべて目標14をテーマにしたものですが、ウミガメがえがかれたものがとても多いことがわかります。はじめてのコンクールですから、過去の作品はありません。それでも同じようなイメージの作品がたくさん集まってきたのです。この理由は、「海の豊かさを守ろう」ということを考えたとき、多くの子どもたちがウミガメを思い出したからでしょう。子どもたちは学校で、プラスチックごみや重油などが海の豊かさをおびやかしていると学習したかもしれません。このように、SDGsを学習する過程が同じようなら、結果も同じようになります。あえて、ほかの作品を参考にしたりまねしたりする必要はないわけです。

この緑色の文字のことを、よく理解してほしいな。

●2020年度「第1回SDGs全国子どもポスターコンクール」に応募された、目標14をえがいた作品

2 目立つポスターの デザイン

ポスターの目的の１つは、「公共意識の喚起」（→p8）です。
より多くの人の目にとどかなければなりません。
目立つことが必要です。ここでは、どうすれば目立つポスター
にできるのか、デザインの基本をまとめてみましょう。

目立たせるための基本

ポスターには大きく分けて次の３種類がありますが、多くは文字とビジュアルの組みあわせです。

①文字だけのもの
②ビジュアルだけのもの
③文字とビジュアルを組みあわせたもの

「ビジュアル」とは、「視覚にうったえるもの」のことで、写真やイラスト、模様などをさします。
③のポスターの場合、文字とビジュアルのバランスが重要になります。
一般に、目立つポスターのデザインというと、右上のような要件を満たすものだといわれています。

●なるべく大きな文字にする。
●反対色（青と赤など）や、黒と黄色など、よく目立つ色の組みあわせをつかう。
●インパクトのある写真やイラストをつかう。
●「カラーUD」（→ものしりコーナー）をつかう。
●ていねいにえがく。

いっぽう、ポスターとしてよくないデザインは、次のようになっているものだといわれています。

・文字とイラストのバランスがよくない。ごちゃごちゃしている。
・色覚障がいの有無にかかわらず、見分けにくい色の組みあわせになっている。
・色のはみ出しなどがあり、ていねいにえがかれていない。

ものしりコーナー！　「カラーUD」とは

色覚に障がいのある人は、色の見え方が多くの人とちがうために、標識などを識別しにくいことがある。だが、障がいがなくても、見分けにくい色の組みあわせはある。そうしたことをなくそうというのが「カラー

ユニバーサルデザイン（カラーUD）」だ。ユニバーサルデザインというのは、「すべての人にやさしいデザイン」という考え方のことで、これを色についていうときの言葉が「カラーUD」だ。

目に飛びこむのは一瞬

ポスターのデザインでいちばんたいせつなのは、一瞬で目に飛びこみ、人の気持ちに入りこむことです。だれが、どんな状況で（たとえば歩きながら）見ても、その人の「意識を喚起する」ことができるようにすること。かんたんにいえば、人が足を止めて、思わず見入ってしまうようなデザインにすることです。

そうしたデザインが、ポスターには求められているのです。また、ポスターはデザインはもちろんのこと、その内容がひと目で伝わるものでなければなりません。

一瞬でひきつけられた人が、近よってきて、じっくり見てくれた場合には、そこに細かな情報があってもかまいません。むしろ、小さい文字で情報が掲載されていることはよいことです。

ただし、その小さな文字の情報が、ポスター全体のデザインをくずしてしまい、一瞬でひきつける力をなくすようでは、元も子もありません。このことは、左ページに記したとおり、文字とビジュアルのバランスが重要だということを意味しているのです。

選挙ポスターが、その例です。一瞬で、候補者に興味をもった人が、その人についてもっと知りたいと思って、ポスターに近づいていき、書いてある小さな文字を読む、ということはよくあることです。

パッと見て、どのポスターが目立つかな？色や文字のバランス、写真やイラストのインパクトが重要だとわかるよね。

2022年7月10日投票日の参議院議員選挙（東京都選出）のポスター掲示場。

3 SDGsポスターを つくる手順

ポスターをつくる（えがく）には、一般的な手順があります。
文字とビジュアルとでは、ふつうは文字のほうから書きはじめます。
また、文字とビジュアルでつくるポスターは、内容を文字であらわす
ことが重要だといわれています。

文字から書く

「SDGs意識を喚起する」（→p9）ことでいえば、SDGsの何を喚起させ（思い起こさせ）たいと思ってポスターをつくろうとしているのかを、つくりはじめる前にしっかり考えなければなりません。そして、それを言葉であらわすのです。たとえば、目標14のポスターをつくる際には、テーマ「海の豊かさを守ろう」をそのまま使用してもよいし、それを自分なりの言葉におきかえて表現してもよいでしょう。

次に、フォント（デザインを統一した、ひとそろいの文字）の種類、大きさ、配置を決めます。下はその例です。

海の豊かさを守ろう
海の豊かさを守ろう
海の豊かさを守ろう

海の豊かさを守ろう	海の豊かさを守ろう	海の豊かさを守ろう

イラストをえがく

イラストや模様は、文字をよけてえがいていきます。ただし、文字を下書きで書いておいて、その上からまず絵を完成させ、絵の上から文字をのせるというのはかまいません。

えがく際に注意したいのは、自分のイメージだけでえがいてはいけないということ。いいかえると、えがこうとするものをしっかり調べてから、えがくことがたいせつなのです。たとえば、13ページのウミガメも、いいかげんな形をかってにえがくのではなく、より正確な形・色などにしていくように心がけなければなりません。その上でキャラクター化したりマークのようにかいたりしてもいいのです。それは、いいかげんということではありません。また、15ページで記したとおり、ポスターを目に飛びこませるには、できるだけ大きくインパクトのあるイラストをえがくほうがよいでしょう。魚をえがくときなど、小さい魚をたくさんえがくより、インパクトのある大きい魚を1ぴきえがくほうが引き立つことがあります。もちろんそれもSDGsの何を喚起しようとするのかの内容により、いちがいにはいえませんが。

背景から色をぬっていく

　地色をぬらないで画用紙の白い色のままというポスターもありますが、ふつうは文字を配置し、イラストの下書きをえがいてから、余白に地色をぬります。

　なお、地色に模様をつけることもあります。その場合、色をぬる順番に注意しましょう。ポイントは次の2つです。

　　●うすい色からぬる。
　　●広い面積からぬる。

　透明水彩絵の具の場合、こい色からぬってしまうと、失敗したときに修正がききません（不透明水彩絵の具は、重ねぬりが可能）。また、メインのイラストをえがいたあとに地色をぬると、地色がはみ出してしまうこともあります。いいかえると、背景を先にぬっておくということになります。

SDGsポスターだから

　SDGsのロゴマークには、目標番号と目標を短い言葉であらわした「テーマ」（標語のようなもの→1巻p4）と、イラストがえがかれています。それを参考にしてSDGsポスターのイラストを考えるのも1つの方法です。でも、そのイラストはあまりにも抽象化されたものなので、意味が伝わりにくいという面もあります。そのテーマをより多くの人に喚起させるにはどんなイラストにしたらよいか、考えなければなりません。

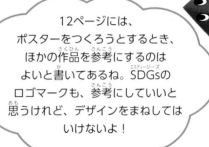

12ページには、ポスターをつくろうとするとき、ほかの作品を参考にするのはよいと書いてあるね。SDGsのロゴマークも、参考にしていいと思うけれど、デザインをまねしてはいけないよ！

●国連が使用しているSDGsのロゴマーク

4 ポジティブ・ネガティブ

ここでは、ポジティブ（肯定的）・ネガティブ（否定的）ポスターについて考えてみます。
何を肯定・否定するというのでしょうか。

17個の目標自体の区別

ポジティブ（→p38）なポスター（ポジティブ・ポスター）、ネガティブ（→p38）なポスター（ネガティブ・ポスター）について考える前に、クイズをやってみましょう。

Q3 下の①②③に、右の目標1〜17をあてはめると？

① マイナス状態の改善を喚起する目標
② ゼロベースからプラスへの改善を喚起する目標
③ ①②のどちらともいえない目標

> このクイズの答えは、右ページ下にあるよ。でも、答えを見るよりもじっくり考えることに意味があるんだよ。
> 貧困や飢餓がある状態、ジェンダーが平等でない状態というのは、どういうことかな？
> また、安全な水とトイレは日本をふくむ先進国にはあるけれど、そうでない地域も多いね。
> だから、「世界じゅう」にといっているんだね。こんなふうに17個のテーマの1つひとつを考えてみようね。

- ●目標1 貧困をなくそう
- ●目標2 飢餓をゼロに
- ●目標3 すべての人に健康と福祉を
- ●目標4 質の高い教育をみんなに
- ●目標5 ジェンダー平等を実現しよう
- ●目標6 安全な水とトイレを世界中に
- ●目標7 エネルギーをみんなにそしてクリーンに
- ●目標8 働きがいも経済成長も
- ●目標9 産業と技術革新の基盤をつくろう
- ●目標10 人や国の不平等をなくそう
- ●目標11 住み続けられるまちづくりを
- ●目標12 つくる責任つかう責任
- ●目標13 気候変動に具体的な対策を
- ●目標14 海の豊かさを守ろう
- ●目標15 陸の豊かさも守ろう
- ●目標16 平和と公正をすべての人に
- ●目標17 パートナーシップで目標を達成しよう

17ページにも書いたとおり、SDGsポスターをつくるときに、SDGsのロゴマークも参考になります。とくに、ロゴマークに書かれているテーマを考えることは、ポスターの内容を考える上でとても重要です。

大きく分けて2種類

ポスターには、ポジティブ・ポスターとネガティブ・ポスターの2種類があります。

●ポジティブ・ポスター
「〜しよう」「〜をめざそう」とよびかけるもの、喚起するもの。

●ネガティブ・ポスター
「〜するな」「〜してはいけない」と、ズバリ禁止したり、「〜しないように気をつけよう」と喚起したりするもの。

SDGsの17個のロゴマークに書かれているテーマは、どれもポジティブなものですが、それを参考にして、ネガティブな内容のポスターにすることもできます。

たとえば、次のように。

●目標1：「貧困者を出してはいけない」
●目標2：「飢餓をつくってはいけない」
●目標3：「たばこをすってはいけない」
●目標14：「海をよごしてはいけない」

ものしりコーナー！

ポジティブ・ネガティブの入ったポスター

このポスターは、「二酸化炭素を除去しよう」というポジティブ（肯定的、積極的といってもよい）な意味と、「象牙をとってはいけない」などというネガティブ（否定的、消極的）な意味の絵がえがかれているユニークなもの。

東京都　小学3年生

禁止マーク

ネガティブ・ポスターによく用いられるのが、「禁止マーク」です。赤い丸にななめの線で「禁止」をあらわします。

Q4
日本で一般的に使用されている禁止マークは、㋐、㋑のどっち？

㋐ 　㋑

えっ！どっちだったかな？実物を見てたしかめてみよう。

ものしりコーナー！

あの映画のマークは？

人気映画「ゴーストバスターズ」シリーズのポスターなどにえがかれた「禁止マーク」は、2種類ある。左上から右下へななめの線が入ったもの（日本やアメリカで右折禁止などを示す道路標識と同じ）と、その逆のものだ。なぜ2種類あるかはわからない。

シリーズ1作目の、1984年の公開当時のポスター（左）と、2022年現在発売中のDVD（右）。2021年公開の最新映画ポスターは、DVDと同じく右上から左下へななめの線が入ったバージョンだ。

5 かきやすい ポスターは？

第1回SDGs全国子どもポスターコンクール（→p10）
で、応募作品がいちばん多かったのは
目標14の「海の豊かさを守ろう」（→p30）。
小・中学生ともに約31％と圧倒的人気でした。
第2位は、目標15の「陸の豊かさも守ろう」（→p31）。

東京都　小学生

環境分野が人気だったわけ

SDGsの17個の目標は、大きく4つの分野に分けられます（→1巻p19）。そのうち環境分野の目標は次の4個です。身近な環境についての目標から地球規模の目標（人間社会の目標）まであることがわかるでしょう。

- 目標6 「安全な水とトイレを世界中に」
- 目標15「陸の豊かさも守ろう」
- 目標14「海の豊かさを守ろう」
- 目標13「気候変動に具体的な対策を」

こうした環境分野の目標は、みんなにとってポスターにえがきやすいようです。その理由は、学校で環境について学習してきているからだと考えられます。なぜなら、日本の学校では、「ESD（持続可能な開発のための教育）」（→p22）が以前から熱心におこなわれてきたからです。ESDにより、「海の豊かさを守るにはどうすればいいか？」「そもそも海の豊かさをおびやかしているものは何か？」などについてすぐにイメージできるといいます。

人間社会 ＜ 陸 ＜ 海 ＜ 地球
（目標6）　（目標15）　（目標14）　（目標13）

ESDについては、22ページを見てね。ESDとSDGs、似ている？どちらも「SD」つまりSustainable Development が入っているよ。「持続可能な開発」という意味だよ。

森をえがいた「海の豊かさを守ろう」のポスター

SDGsの目標14「海の豊かさを守ろう」と目標15「陸の豊かさも守ろう」について、気がついたことはないでしょうか。

どういうわけか、海が「豊かさを」であるのに対し、陸は「豊かさも」となっています。そう、「海も陸も」というのです。

この理由は、地球環境についていろいろと学んできた人ならすぐに気づくかもしれません。下のクイズをやってみましょう。

Q5 目標14「海の豊かさを守ろう」に森をえがいた下の2つのポスターについて、正しい見方はⓐⓑのどっち？

ⓐ 目標14と目標15を取りちがえた

ⓑ 「森が海を育てる」ことについて学習したことから、森をえがいた

大阪府　小学生

広島県　小学生

Q5の答えの理由は、24～25ページを読むとよくわかるよ。

日本のESD

「第1回SDGs全国子どもポスターコンクール」（→p10、12）で環境分野のテーマが人気だったこと（第2回も同様の結果）には、ESDの影響が考えられます。「ESD」とは何か、またその歴史について、ここであらためて見てみましょう。

「ESD」とは？

　ESDは一般にはあまり知られていませんが、じつは、学校の先生ならだれでも知っている言葉なのです。日本では、環境に関する教育がかなり前からおこなわれてきました。世界的に見ても進んでいるといわれています。

　「ESD」とは、Education for Sustainable Developmentの頭文字で、「持続可能な開発のための教育」と訳されています。「現代社会がかかえるさまざまな問題を、自らの問題として主体的にとらえ、人類が将来の世代にわたって豊かな生活ができるように、身近なところから取り組む（think globally, act locally）ことで、問題の解決につながる新たな価値観や行動等の変容をもたらし、持続可能な社会を実現していくことをめざしておこなう学習・教育活動」のことです。

　そのESDを、2002年の国連の「持続可能な開発に関する世界首脳会議（世界サミット）（→p38）」で日本が提唱。同年の第57回国連総会で採択されて「国連持続可能な開発のための教育の10年」のなかに記された結果、多くの国が日本が提案したESDを取り入れるようになり、世界じゅうの人に知られるようになりました。

資料：文部科学省HP

●ESDの基本的な考え方のイメージ図

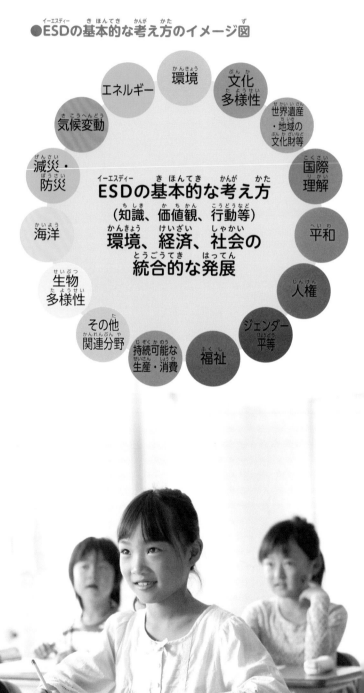

環境
文化多様性
エネルギー
世界遺産・地域の文化財等
気候変動
国際理解
減災・防災
平和
海洋
人権
生物多様性
ジェンダー平等
その他関連分野
福祉
持続可能な生産・消費

ESDの基本的な考え方
（知識、価値観、行動等）
環境、経済、社会の
統合的な発展

ESDとSDGs

こうして国際的にみとめられたESDは、2015年につくられたSDGsにも組みこまれ、目標4「質の高い教育をすべての人に」のターゲット（具体的目標）（→p38）4.7に、次のように明記されました。

> 持続可能な開発のための教育及び持続可能なライフスタイル、人権、男女の平等、平和及び非暴力文化の推進、グローバル・シチズンシップ、文化多様性と文化の持続可能な開発への貢献の理解の教育を通して、<u>全ての学習者</u>が、持続可能な開発を促進するために必要な知識及び技能を習得できるようにする。

上記は、外務省が発表した仮訳（→p28）ですが、要するに「持続可能な開発のための教育」（ESD）ほかを「全ての学習者が〜習得できるようにする」ということです。ESDはターゲット4.7の冒頭に記述されています。それだけ重視されているということなのです。

貧しさや戦争などの理由で、学校に通えなかったり、校舎や机、筆記用具もなく屋外で勉強したりしている子どもは世界にたくさんいる。SDGsの目標4は、くらす国や地域、経済状況、宗教、性別などに関係なく、だれもが「質の高い教育」を受けられるべきだとしている。

日本は、21世紀に入るとまもなく、学校のなかで環境教育を積極的におこなうようになりました。そして、SDGsの目標達成のためにおこなう取り組みは、子どもたちだけでなく、国民全体で実践するようになりました。

●ESDとSDGsはつながっている

目標4に組みこまれたESD（持続可能な開発のための教育）がSDGsの17個の目標達成につながっていることを示す図。

6 目標14・15は双子の目標

21ページで見たとおり、SDGsの目標14は
「海の豊かさを守ろう」、目標15が
「陸の豊かさも守ろう」です。
このことについて、ここで
もう一度考えてみましょう。

「森が海を育てる」とは

「森が海を育てる」という言葉があります。これは、「森にふった雨はいったん土にしみこんで、栄養をたくわえた地下水になり、やがて川などをとおって海へ流れ出る。そして、その栄養が魚や貝などを育てる」ということをいっているのです。その典型が「魚つき保安林」です。これは、海岸・川岸・湖岸などにつくられ、保全されてきた森林のこと。その目的は、魚が育つようにするためです。森にふった雨水が森林の栄養分を海に運んでくると、微生物が増えて魚のえさが豊富になります。また、海草などが育ち、魚が敵をさける場所にもなります。

日本では昔から、漁師たちが森を保護する活動をしてきました。生態系（→p38）の重要性が指摘されるようになるはるか昔から、漁師たちは森と海のつながりを経験的に理解し、森が海を育てることを知っていたのです。

いまでは、海から遠くはなれた川の上流の森の生態系と海の生態系とがつながっていることが明らかになり、漁師たちは、魚つき保安林以外の植林や森林の保全活動もさかんにおこなうようになりました。

神奈川県の真鶴半島にある「魚つき保安林」。
地元では「お林」とよばれている。

海も森を育てる

　反対に海から森へ栄養分がもたらされることもあります。

　サケやアユなどの「遡河回遊魚」とよばれる魚は、川で生まれて海で成長し、卵を産みに川の上流をめざします。そのサケをヒグマが捕獲。川から引き上げて食べます。また、ヒグマの食べ残したものを、キツネなどのほ乳類や昆虫が食べます。それらの動物のフンや食べ残しを菌類や微生物が分解します。こうして、海の恵みにより、川の流域のさまざまな生き物たちが育つのです。

でも、海が森にあたえるいちばんの恩恵は、雨なんだよ。なぜなら、海の水が蒸発して上空にのぼり、冷やされて、やがて雨や雪になって落ちてくるからね。

「双子の目標」

　「陸域生態系」という言葉もあります。これは、森林や山地、湿地など大気をふくめたすべての環境、そこにくらすあらゆる生物をまとめていう言葉です。SDGsのターゲット（具体的目標）15.1（→p31）では陸域生態系の、ターゲット14.2（→p30）では、海や、海と陸とがまじわる沿岸域の生態系の保全がうたわれています。じつは、このようなことから目標14と目標15は「双子の目標」といわれることがあるのです。

　なお、ターゲット14.2と15.1の目標期限は2020年。これは、SDGs全体の目標期限の2030年より10年前だおし！　すでに期限を過ぎてしまっていますが、日本はもちろん、世界でもほとんどの国がいまだに達成できていません。

海から川にもどってきたサケを捕獲するクマ。

2つの目標のポスターをつくる

目標14と目標15が「双子の目標」ということで、その2つを同時に達成することをうったえるポスターがあってもよさそうですが、それにかぎらず、深く関係しているSDGsの目標を関連させてポスターをつくろうとした小学校があります。担当の小林智彦先生に協力してもらって、ポスター制作のようすを見せてもらいました。

クラスみんなで情報共有

9ページに書いたとおり、SDGsポスターをつくるにはSDGsについてしっかり理解していなければなりません。東京都国立市立国立第二小学校の6年生たちは、「SDGsポスターづくり」の具体的な作業に入る前に、まずは国語の時間をつかって、次の手順でみんなが知っていることを確認しあいました。

- ●地球や人類がかかえている問題について、みんなが知っていることを発表しあい、みんなの知識や意見をクラスで共有する。
- ●さまざまな問題点が解決しない状況が続くと地球や人類がどうなるか、意見を出しあう。
- ●自分たちにできることは何か、意見を出しあう。

グループに分かれて調べ学習

クラスのみんなで知っていることや意見を確認しあったら、4人1組のグループに分かれ、それぞれ調べたいテーマを1つ決めます。6年1組が選んだテーマは次の8つ。SDGsの目標でいうと、2、4、5、7、12などいくつもの目標にまたがります。それぞれのテーマについて、グループごとに図書室やパソコンをつかって調べ学習を進めていきました。

- ●節水　●ごみ問題　●フードロス削減　●電力不足
- ●エネルギー問題　●不平等をゼロへ
- ●海のプラスチックごみ

この学校の6年生たちは、これまでもSDGs自体や、地球・人類がどんな問題をかかえているかについてことあるごとに勉強してきていたから、どんどん意見が出たそうだよ！

パソコンで調べ学習を進める6年生。

スライドで発表

次に、グループのメンバーで協力して調べたことを下のように整理し、パソコンを活用してスライド*にまとめてクラスで発表。グループそれぞれの発表について、どこがよかったか、もっと改善できるところはないかなど、意見を出しあいました。すぐれた提案については、さらによくするための意見も出しあいました。

①選んだテーマ
②テーマを選んだ理由
③現状や問題点
④改善のための提案
⑤提案理由
⑥具体的な提案
⑦提案が実現したときの効果

＊光をあててスクリーンにうつし出すポジフィルムのこと。近年はスライド作成も投影もパソコンでおこなえる。

学校の全児童・教職員に向けて

クラスではモニター画面にうつして発表したスライドを、紙に印刷できるように整理。それを、ろうかに設置した「わたしたちにできること×二小SDGs」と題したパネルボードに掲示しました（左ページ上の写真）。これなら、ほかの学年の子どもたちや先生がいつでも見られます。また、それをポスターのかき方にそって手直しし、ポスターをつくりました。

6年生がスライドをもとにまとめたポスター。関連する目標14と目標15を取り上げている。

目標2と目標12を取り上げたポスター。

クラス内でスライド発表をしたあと、子どもたちから「せっかく提案を考えたから、クラスだけではなくて、全校児童・教職員に向けて提案したい！」という意見が出たんだそうだよ。そこで6年生自ら、校長先生に直談判！ 教室の前に掲示する許可や、特別な発表の時間をもらえたそうだよ。

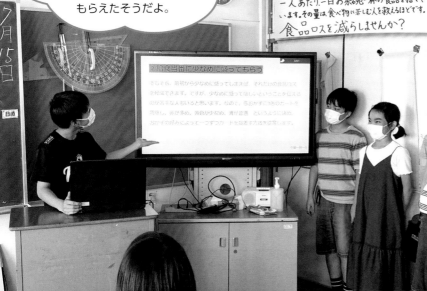

SDGsの目標達成のため、自分たちに何ができるかを伝えるために、ポスターが有効だったんだね！

1 環境分野のターゲットを確認しよう

「環境分野」など、SDGsの目標の分類については、シリーズ1巻19ページを見てね。

この本では、SDGsの17の目標のうち、おもに環境分野の目標を例にして、「SDGsポスター」づくりについて説明してきました。パート3では、まずはターゲット（→p38）の外務省仮訳*を紹介します。

*国連が英語で発表したSDGsを外務省が仮に訳した翻訳文のこと。くわしくは1巻38ページ参照。

 ## SDGs目標6「安全な水とトイレを世界中に」

●目標6のターゲット（外務省仮訳）

6.1 2030年までに、全ての人々の、安全で安価な飲料水の普遍的かつ平等なアクセスを達成する。

6.2 2030年までに、全ての人々の、適切かつ平等な下水施設・衛生施設へのアクセスを達成し、野外での排泄をなくす。女性及び女子、並びに脆弱な立場にある人々のニーズに特に注意を向ける。

6.3 2030年までに、汚染の減少、投棄廃絶と有害な化学物質や物質の放出の最小化、未処理の排水の割合半減及び再生利用と安全な再利用の世界的規模で大幅に増加させることにより、水質を改善する。

6.4 2030年までに、全セクターにおいて水の利用効率を大幅に改善し、淡水の持続可能な採取及び供給を確保し水不足に対処するとともに、水不足に悩む人々の数を大幅に減少させる。

6.5 2030年までに、国境を越えた適切な協力を含む、あらゆるレベルでの統合水資源管理を実施する。

6.6 2020年までに、山地、森林、湿地、河川、帯水層、湖沼などの水に関連する生態系の保護・回復を行う。

6.a 2030年までに、集水、海水淡水化、水の効率的利用、排水処理、リサイクル・再利用技術など、開発途上国における水と衛生分野での活動や計画を対象とした国際協力と能力構築支援を拡大する。

6.b 水と衛生に関わる分野の管理向上への地域コミュニティの参加を支援・強化する。

SDGs目標6でポイントとなるのは、ターゲット6.6。それをひと言でいうと「水の生態系を守ろう」です。このターゲットには「山地、森林、湿地、河川、帯水層、湖沼などの水に関連する生態系の保護・回復を行う」と書かれていますが、じつは、目標14「海の豊かさを守ろう」の目標にもなっているのです。

目標6のテーマ「水」と「トイレ」の関係について考えてみます。日本では、し尿が昔から畑のこやしとして使用されてきました。し尿を海に流せば、海の生物の栄養になって、海は豊かになるのでしょうか？

確かに畑の野菜と同じように、し尿によって海の生物の成長が促進することもあります。しかし、衛生上の問題などから、いまではし尿を海にすてることが禁止されています。

このことについては、ターゲット14.1に「海洋ごみや富栄養化を含む、特に陸上活動による汚染など、あらゆる種類の海洋汚染を防止し、大幅に削減する」と明記されています（→p30）。

右にあげた、目標6と14との関係の話は、SDGsの目標どうしが複雑にからみあっていることを示しているんだよ。

SDGs目標13「気候変動に具体的な対策を」

●目標13のターゲット（外務省仮訳）

13.1 全ての国々において気候関連災害や自然災害に対する強靱性及び適応の能力を強化する。

13.2 気候変動対策を国別の政策、戦略及び計画に盛り込む。

13.3 気候変動の緩和、適応、影響軽減及び早期警戒に関する教育、啓発、人的能力及び制度機能を改善する。

13.a 重要な緩和行動の実施とその実施における透明性確保に関する開発途上国のニーズに対応するため、2020年までにあらゆる供給源から年間1,000億ドルを共同で動員するという、UNFCCCの先進締約国によるコミットメントを実施するとともに、可能な限り速やかに資本を投入して緑の気候基金を本格始動させる。

13.b 後発開発途上国及び小島嶼開発途上国において、女性や青年、地方及び社会的に疎外されたコミュニティに焦点を当てることを含め、気候変動関連の効果的な計画策定と管理のための能力を向上するメカニズムを推進する。

SDGs目標13の英語のロゴマークには、CLIMATE ACTION と記されています。CLIMATE は「気候」、ACTION は「行動」です。日本語のテーマでは、説明が加えられて「気候変動に具体的な対策を」となりました。

目標13のターゲットは5個と、17個の目標のうちでいちばん少なくなっています。この理由は、SDGsが発表される前の段階で、気候変動に関する政府間パネル（IPCC→p38）の意見がまとまっていなかったからだといわれています。

これらの写真からもわかるとおり、気候変動による悪影響は、じつにさまざまな形であらわれているんだよ。

異常な熱波、高温、少雨は、大規模な山火事の原因にもなっている。

高温・少雨のいっぽう、世界じゅうで大雨や台風、大雪もひん発している。日本でも、毎年のように大雨による洪水・浸水・土砂くずれなどの被害が出ている。

SDGs目標14「海の豊かさを守ろう」

●目標14のターゲット（外務省仮訳）

14.1 2025年までに、海洋ごみや富栄養化を含む、特に陸上活動による汚染など、あらゆる種類の海洋汚染を防止し、大幅に削減する。

14.2 2020年までに、海洋及び沿岸の生態系に関する重大な悪影響を回避するため、強靱性（レジリエンス）の強化などによる持続的な管理と保護を行い、健全で生産的な海洋を実現するため、海洋及び沿岸の生態系の回復のための取組を行う。

14.3 あらゆるレベルでの科学的協力の促進などを通じて、海洋酸性化の影響を最小限化し、対処する。

14.4 水産資源を、実現可能な最短期間で少なくとも各資源の生物学的特性によって定められる最大持続生産量のレベルまで回復させるため、2020年までに、漁獲を効果的に規制し、過剰漁業や違法・無報告・無規制（IUU）漁業及び破壊的な漁業慣行を終了し、科学的な管理計画を実施する。

14.5 2020年までに、国内法及び国際法に則り、最大限入手可能な科学情報に基づいて、少なくとも沿岸域及び海域の10パーセントを保全する。

14.6 開発途上国及び後発開発途上国に対する適切かつ効果的な、特別かつ異なる待遇が、世界貿易機関（WTO）漁業補助金交渉の不可分の要素であるべきことを認識した上で、2020年までに、過剰漁獲能力や過剰漁獲につながる漁業補助金を禁止し、違法・無報告・無規制（IUU）漁業につながる補助金を撤廃し、同様の新たな補助金の導入を抑制する。

14.7 2030年までに、漁業、水産養殖及び観光の持続可能な管理などを通じ、小島嶼開発途上国及び後発開発途上国の海洋資源の持続的な利用による経済的便益を増大させる。

14.a 海洋の健全性の改善と、開発途上国、特に小島嶼開発途上国および後発開発途上国の開発における海洋生物多様性の寄与向上のために、海洋技術の移転に関するユネスコ政府間海洋学委員会の基準・ガイドラインを勘案しつつ、科学的知識の増進、研究能力の向上、及び海洋技術の移転を行う。

14.b 小規模・沿岸零細漁業者に対し、海洋資源及び市場へのアクセスを提供する。

14.c 「我々の求める未来」のパラ158において想起されるとおり、海洋及び海洋資源の保全及び持続可能な利用のための法的枠組みを規定する海洋法に関する国際連合条約（UNCLOS）に反映されている国際法を実施することにより、海洋及び海洋資源の保全及び持続可能な利用を強化する。

この目標のターゲットは全部で10個あります。そのうち14.2は「2020年までに、海洋及び沿岸の生態系の回復のための取組を行う」として、海と陸の生態系を同時に回復させようといっています。

また、そこでつかわれている「沿岸」という言葉は、「海、湖、大河川などの水域に沿った場所」のことで、「陸地に沿った水域のうち、低潮線から大陸棚外縁までの海洋の浅海部」のことです。かんたんにいえば、海の潮が満ちたり引いたりしている海岸のことです。

そもそもSDGs目標14の英語で書かれたテーマは、LIFE BELOW WATER。日本語では「海の豊かさを守ろう」と訳されました。でも、ふつう日本語の「海」を英語に訳すとSEA か OCEAN です。なぜ WATER（水）がつかわれているのでしょうか？　その理由は、目標14が海だけでなく川や湖なども対象としているからです。

なお、SDGsでは「沿岸の生態系」という言葉がつかわれています。海の生態系のなかでも、そこが生物の種類が多く、自然環境もさまざまであることから、とくに重要な場所だと考えられているのです。

SDGs目標15「陸の豊かさも守ろう」

●目標15のターゲット（外務省仮訳）

15.1 2020年までに、国際協定の下での義務に則って、森林、湿地、山地及び乾燥地をはじめとする陸域生態系と内陸淡水生態系及びそれらのサービスの保全、回復及び持続可能な利用を確保する。

15.2 2020年までに、あらゆる種類の森林の持続可能な経営の実施を促進し、森林減少を阻止し、劣化した森林を回復し、世界全体で新規植林及び再植林を大幅に増加させる。

15.3 2030年までに、砂漠化に対処し、砂漠化、干ばつ及び洪水の影響を受けた土地などの劣化した土地と土壌を回復し、土地劣化に荷担しない世界の達成に尽力する。

15.4 2030年までに持続可能な開発に不可欠な便益をもたらす山地生態系の能力を強化するため、生物多様性を含む山地生態系の保全を確実に行う。

15.5 自然生息地の劣化を抑制し、生物多様性の損失を阻止し、2020年までに絶滅危惧種を保護し、また絶滅防止するための緊急かつ意味のある対策を講じる。

15.6 国際合意に基づき、遺伝資源の利用から生ずる利益の公正かつ衡平な配分を推進するとともに、遺伝資源への適切なアクセスを推進する。

15.7 保護の対象となっている動植物種の密猟及び違法取引を撲滅するための緊急対策を講じるとともに、違法な野生生物製品の需要と供給の両面に対処する。

15.8 2020年までに、外来種の侵入を防止するとともに、これらの種による陸域・海洋生態系への影響を大幅に減少させるための対策を導入し、さらに優先種の駆除または根絶を行う。

15.9 2020年までに、生態系と生物多様性の価値を、国や地方の計画策定、開発プロセス及び貧困削減のための戦略及び会計に組み込む。 15.a 生物多様性と生態系の保全と持続的な利用のために、あらゆる資金源からの資金の動員及び大幅な増額を行う。

15.b 保全や再植林を含む持続可能な森林経営を推進するため、あらゆるレベルのあらゆる供給源から、持続可能な森林経営のための資金の調達と開発途上国への十分なインセンティブ付与のための相当量の資源を動員する。

15.c 持続的な生計機会を追求するために地域コミュニティの能力向上を図る等、保護種の密猟及び違法な取引に対処するための努力に対する世界的な支援を強化する。

目標15のターゲットのうち、15.1を見てみましょう。このターゲットは、陸の生態系（陸域生態系）と内陸淡水生態系を取り上げ、森林や山地などと、川や湖、大気をふくめたすべての環境と、そこにくらすあらゆる生物を対象とし、それらを守ることを明記しています。このように見ると、ターゲット15.1がつくられたのは、川や湖の生態系、すなわち「水の豊かさを守る」ためでもあることがよくわかります。

「陸の生態系」のなかには、「山の生態系」とよばれるものもあれば、「平野の生態系」もあります。また、陸の生態系は、もっとこまかく見ていくと、森林、里山、沿岸などに分けることができます。さらにせまい範囲を見ると「沿岸生態系」があって、そのなかに、砂浜や干潟など、特定の範囲の生態系がいくらでもあるのです。このように「○○生態系」といわれるものには、さまざまな範囲や規模のものがあって、連続して存在しているのです。いいかえると、たとえば「沿岸生態系」は、その海側にある「海の生態系」にも、その陸側にある「陸の生態系」にもつながっているため、それらをはっきりと区分することはできないのです。

2 もっと 見てみよう！ 全国みんなの SDGsポスター

ここでもう一度、みんなのSDGsポスターを紹介します。全国の子どもたちが、がんばってつくったものです。

どれもくふうをこらした作品

目標1つにつき、4点ずつ紹介します。
上の段のほうが低学年、下に向かって学年が高くなっています。中学生の作品もあります。

どの作品も、いろいろなくふうがされているね。すばらしいよ。見ていて楽しくなる！

みんながポスターをつくろうとする際の参考にするといいね。

でも、12ページにある「参考」と「まね」についての考え方は、しっかり頭に入れておいてほしいな。よろしくね。

高知県　小学1年生

愛知県　小学4年生

兵庫県　小学6年生

兵庫県　小学5年生

福島県　中学1年生

奈良県　小学6年生

京都府　中学2年生

愛媛県　中学1年生

東京都　小学2年生

宮城県　小学3年生

沖縄県　小学5年生

愛知県　小学1年生

愛知県　小学4年生

東京都　小学4年生

東京都　小学5年生

宮城県　小学6年生

東京都　小学4年生

千葉県　小学5年生

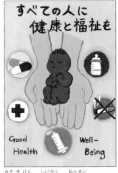

宮城県　小学6年生

神奈川県　小学6年生

東京都　中学1年生

愛媛県　中学1年生

神奈川県　小学6年生

佐賀県　中学3年生

新潟県　中学2年生

神奈川県　中学2年生

静岡県　中学2年生

福井県　中学2年生

| 8 働きがいも 経済成長も | 9 産業と技術革新の 基盤をつくろう | 10 人や国の不平等 をなくそう | 11 住み続けられる まちづくりを | 12 つくる責任 つかう責任 |

高知県　小学4年生

千葉県　小学5年生

神奈川県　小学5年生

東京都　小学2年生

東京都　小学5年生

東京都　小学5年生

東京都　小学6年生

神奈川県　小学6年生

神奈川県　小学5年生

奈良県　小学6年生

愛知県　中学1年生

兵庫県　中学1年生

岐阜県　中学1年生

佐賀県　中学1年生

栃木県　中学1年生

東京都　中学2年生

愛知県　中学2年生

広島県　中学2年生

愛媛県　中学2年生

広島県　中学2年生

13 気候変動に具体的な対策を

14 海の豊かさを守ろう

15 陸の豊かさも守ろう

16 平和と公正をすべての人に

17 パートナーシップで目標を達成しよう

福岡県　小学3年生

高知県　小学1年生

千葉県　小学1年生

大阪府　小学2年生

神奈川県　小学4年生

神奈川県　小学5年生

東京都　小学4年生

兵庫県　小学6年生

神奈川県　小学5年生

愛知県　小学5年生

東京都　小学6年生

愛知県　小学5年生

東京都　中学2年生

東京都　小学6年生

奈良県　小学6年生

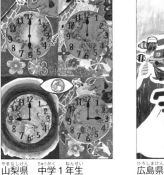
山梨県　中学1年生

広島県　中学3年生

広島県　中学3年生

福島県　中学3年生

大分県　中学3年生

p32-35のポスター作品の出典：SDGs全国子どもポスターコンクール

3 子どもたちと黒田征太郎さんとのコラボレーション*

*共同作業、合作といった意味。

この本の最後に紹介するのは、4ページで紹介した黒田征太郎さんが、みんなの作品からインスピレーションをもらってかきそえた作例を紹介します。ほんの少しのことで、ぐんと見栄えがすることを味わってください。

小・中学生がえがいたSDGsポスターをカラーコピーした上で、黒田さんが「コラボしてみたい！」と思った作品を選んで、線やイラストをかきそえたんだよ。

左側が元の作品、右側が黒田さんがかきそえたもの（「+Ku」で示す）

+ku

写真は、
黒田さんがみんなの作品に
かきそえているところ。
黒田さんは、「『ぼくもかかせて』と思う
作品がいくつもある」といって
すごく短い時間にイメージを
ひらめいて、次つぎにコラボ作品を
しあげていったよ。

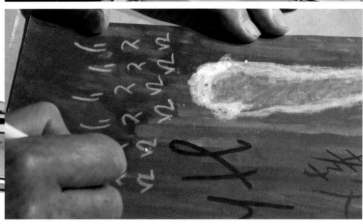

+ku

+ku

+ku

+ku

出典：SDGs全国子どもポスターコンクール

●用語解説

●NPO法人子ども大学くにたち ……………… 10
稲葉茂勝を理事長として2019年に設立された東京都国立市にある特定非営利活動法人（NPO法人）。おもに地域の小学4・5・6年生を「学生」とよび、大学教授ほか、各分野の専門家らを講師にまねいて大学レベルの授業をおこなう。カリキュラムはSDGsとキャリア教育の2本柱。子どもたちの未知への関心、意欲・職業意識を芽生えさせることなどによって、子どもの健全な育成をめざす。

●気候変動に関する政府間パネル（IPCC）…… 29
IPCCは Intergovernmental Panel on Climate Change の略で、1988年、世界気象機関（WMO）と国連環境計画（UNEP）が共同で設立した。気候変動に関する科学的、技術的、社会経済的な評価を提供することを目的とする。世界じゅうの専門家・科学者が協力し、これまで5〜6年ごとに「評価報告書」を公表してきた。第5次報告で「温暖化の主因は人為的である可能性が95％以上」とし、2021〜2022年の第6次報告書で「人間の影響が大気、海洋及び陸域を温暖化させてきたことには疑う余地がない」「世界の平均気温上昇を産業革命前から1.5℃におさえるのは不可能な可能性が高い」と警告。2007年、アメリカのアル・ゴア副大統領（当時）とともにノーベル平和賞を受賞。本部はスイス・ジュネーブ。

●グラフィックデザイン ……………………… 5
グラフィック（graphic）はもともと、英語で「図形の、図形的な、グラフの」「写実的な、いきいきとした」といった意味。広告やポスター、書籍や雑誌などの出版物などで、写真や図版を多くつかって視覚的にうったえるデザインのこと。また、そうしてデザインされたもの。

●持続可能な開発に関する世界首脳会議（世界サミット）……………………… 22
1992年、ブラジル・リオデジャネイロで開催された国連環境開発会議（「地球サミット」）から10年後の2002年夏に、南アフリカのヨハネスブルグで開催された国連会議のこと。地球サミットで採択された「アジェンダ21」（環境分野における国際的な取り組みの行動計画）の成果を検証し、世界を持続可能にするための具体策を議論するために開催。100か国以上の政府首脳、政府関係者、NGO関係者など約2万人が参加した。

●生態系 ……………………… 24
ある一定の地域に生息するすべての生物と、それを取りまく環境とをふくめた全体を示す言葉。エコシステムともいう。生態系のなかでは、植物は無機物から有機物を生産、植物を食べる動物は有機物を消費して活動し、動物の排泄物や死骸は菌類が分解して無機物へと還元するというように、通常は循環のバランスがたもたれているが、気候変動や人為的影響によりくずれることがある。

●ターゲット（具体的目標）……………………… 23,28
SDGsの目標の内容は、標語のような短文（テーマ）であらわされている。さらにより具体的な目標として「ターゲット」が、1つの目標（テーマ）につき10個前後、合計169個つくられている。「具体的目標」ともいわれる（→1巻p8）。

●チェ・ゲバラ ……………………… 6
1928年、アルゼンチン生まれの革命家。医科大学卒業後、キューバからメキシコに亡命していた革命家フィデル・カストロらとともにキューバへ上陸し、ゲリラ戦を展開（キューバ革命）。カストロ率いるキューバ新政権の元で国立銀行総裁、初代工業相をつとめる。その後ラテンアメリカのゲリラ革命を指導したが、ボリビアで戦死。

●ネガティブ ……………………… 18,19
英語の negative からきた言葉。ここでは、「消極的、否定的であるさま」のこと。肉眼で見た被写体と反対の明暗・色相でうつっている画像のこともさす。

●ポジティブ ……………………… 18,19
英語の positive からきた言葉。ここでは、「積極的、肯定的であるさま」のこと。肉眼で見た被写体（撮影されたもの）と同じ明暗・色相でうつっている画像のこともさす。

●ポップアート ……………………… 6
広告や漫画、ポスター、商標など、大量生産された大衆文化のイメージを取り入れた芸術。第二次世界大戦後、1950年代にイギリスでおこり、アメリカでは1960年代にさかんになり、ひろがった。

●さくいん

◀あ

ESD（持続可能な開発のための教育） … 20,22,23
魚つき保安林 … 24
駅はりポスター … 7
SDGs意識の喚起 … 9,12
SDGs全国子どもポスターコンクール … 10,12,13,20,22
SDGsバッジ … 11
SDGsポスター … 9,12,17,18,26,28,32
NPO法人子ども大学くにたち … 10,38
沿岸生態系（沿岸の生態系） … 30,31

◀か

外務省仮訳 … 28,29,30,31
額面ポスター … 7
カラーUD … 14
環境分野 … 20,22,28
飢餓 … 18,19
気候変動 … 29
気候変動に関する政府間パネル（IPCC） … 29,38
禁止マーク … 19
グラフィックデザイナー … 4,5
グラフィックデザイン … 5,38
黒田征太郎 … 4,5,36
公共意識 … 8
広告 … 6,8
コラボレーション（コラボ） … 36

◀さ

ジェンダー … 18
持続可能 … 20,22,23
持続可能な開発に関する世界首脳会議（世界サミット） … 22,38
持続不可能 … 9
し尿 … 28
JICA … 10
車内づり（中づり）ポスター … 7
17個の目標 … 9,18,20,29
生態系 … 24,25,28,30,31,38
石版印刷（リトグラフ） … 6
選挙ポスター … 15

遡河回遊魚 … 25

◀た

ターゲット … 23,25,28,29,30,31,38
チェ・ゲバラ … 6,38
テーマ … 5,16,17,18,19,30

◀な

ネガティブ … 18,19,38
ネガティブ・ポスター … 18,19

◀は

ビジュアル … 14,15,16
貧困 … 9,18
フォント … 16
「双子の目標」 … 25,26
ポジティブ … 18,19,38
ポジティブ・ポスター … 18,19
ポスターの定義 … 5
ポスターアート … 6
ポップアート … 6,38

◀ま

「森が海を育てる」 … 21,24
文部科学大臣賞 … 10

◀や

ユニバーサルデザイン … 14

◀ら

陸域生態系 … 25,31
ロゴマーク … 17,18,19,29

●SDGsの目標

目標1	9,19	目標14	12,13,16,20,
目標2	27		21,24,25,26,
目標4	23		27,28,30
目標6	20,28	目標15	20,21,24,25,
目標12	27		26,27,31
目標13	20,29		

●著
稲葉茂勝（いなばしげかつ）
1953年東京生まれ。大阪外国語大学・東京外国語大学卒業。国際理解教育学会会員。2021年度までに編集者として1400冊以上の書籍を担当。自著も100冊以上。近年、子どもジャーナリスト（Journalist for Children）として活動。2019年にSDGsとアクティブラーニングをカリキュラムの基軸に据えたNPO法人子ども大学くにたちを設立し、同理事長に就任して以来「SDGs子ども大学運動」を展開。講演会やワークショップ多数実施。SDGsに関する著書に、「SDGsのきほん 未来のための17の目標」シリーズ、『これならわかる！SDGsのターゲット169徹底解説』（いずれもポプラ社）、『教科で学ぶSDGs学』『G'sくんといっしょにSDGs』（いずれも今人舎）、「食卓からSDGsをかんがえよう！」シリーズ（岩崎書店）、『SDGsがより深くわかる！ 国連ファミリー・パーフェクトガイド』（新日本出版社）、「子ども大学で考えるSDGs」シリーズ（フレーベル館）ほか。

●監修
小石新八（こいししんぱち）
1937年長野県生まれ。武蔵野美術学校卒業。武蔵野美術大学芸能デザイン（現・空間演出デザイン）学科教授、工芸工業デザインコース教授などをつとめ、同大学名誉教授に。学長補佐、通信教育課程長などもつとめる。現在、武蔵野美術大学出版局顧問。著書に『演劇空間論』、共著に『スペースデザイン論』（ともに武蔵野美術大学出版局）、監修に『ポケットポプラディア 検定クイズ100 マーク・記号』（ポプラ社）、『できるまで大図鑑』（東京書籍）などがある。

●編さん
こどもくらぶ（中嶋舞子）
編集プロダクションとして、主に児童書の企画・編集・制作をおこなう。全国の学校図書館・公共図書館に多数の作品が所蔵されている。

※ターゲットの「外務省仮訳」出典：
　https://www.mofa.go.jp/mofaj/gaiko/oda/sdgs/statistics/index.html
※子どもたちの作品に付した地域・学校名・学年表記は、制作当時のもの。

●G'sくん開発
稲葉茂勝
（制作・子ども大学くにたち事務局）

●装丁・デザイン
矢野瑛子（こどもくらぶ）

●DTP
菊地隆宣（こどもくらぶ）

●写真協力
Ned Snowman, kuremo, Mirko
- stock.adobe.com（p8上）
国立国会図書館デジタルコレクション（p8下）
Everett Collection／アフロ（p19）
ソニー・ピクチャーズ エンタテインメント（p19）
『ゴーストバスターズ』（1984年）デジタル配信中
Blu-ray 2,619円（税込）／DVD 1,551円（税込）／
4K ULTRA HD & ブルーレイセット5,217円（税込）
Riccardo Niels Mayer - stock.adobe.com（p23）
ほじん- stock.adobe.com（p24）
愛 高行- stock.adobe.com（p25,29）
国立市立国立第二小学校（p26-27）
JAH- stock.adobe.com（p29）

●ポスター作品協力
SDGs全国子どもポスターコンクール実行委員会
（表紙・左端の作品：東京都 中学2年生／
他の作品の地域名・学年は本文中に記載）

●協力
国立市立国立第二小学校（校長：小林理人）

教室でチャレンジ！ SDGsワークショップ　②SDGsポスターをかこう　N.D.C.319

2023年4月　第1刷発行

著　　　稲葉茂勝
監　修　小石新八
発行者　千葉 均　　編集 原田哲郎
発行所　株式会社ポプラ社
　　　　〒102-8519　東京都千代田区麹町4-2-6
　　　　ホームページ　www.poplar.co.jp（ポプラ社）
　　　　　　　　　　　kodomottolab.poplar.co.jp（こどもっとラボ）
印刷・製本　大日本印刷株式会社

Printed in Japan
©Shigekatsu INABA 2023

39p 29cm
ISBN978-4-591-17647-4

あそびをもっと、まなびをもっと。
こどもっとラボ

教室でチャレンジ！
SDGs
ワークショップ

全5巻

① はじめてのSDGs 折り紙からはじめよう

② SDGsポスターをかこう （監修／小石新八）

③ SDGs絵手紙・かるたをつくろう

④ SDGs新聞をつくろう （監修／竹泉 稔）

⑤ SDGsタギングに挑戦 さがそう！身近なSDGs

著／稲葉茂勝

小学校中学年〜高学年向き
N.D.C.319 各39ページ
A4変型判 オールカラー
図書館用特別堅牢製本図書

ポプラ社はチャイルドラインを応援しています

18さいまでの子どもがかけるでんわ
チャイルドライン®
0120-99-7777
毎日午後**4**時〜午後**9**時 ※12/29〜1/3はおやすみ
電話代はかかりません 携帯(スマホ)OK

18さいまでの子どもがかける子ども専用電話です。
困っているとき、悩んでいるとき、うれしいとき、
なんとなく誰かと話したいとき、かけてみてください。
お説教はしません。ちょっと言いにくいことでも
名前は言わなくてもいいので、安心して話してください。
あなたの気持ちを大切に、どんなことでもいっしょに考えます。

チャット相談は
こちらから

全巻さくいん

❶❷❸❹❺は巻数を示す。

◀あ

ILO（国際労働機関） …………❺30,36
IOC …………………………❶15,38
ICT …………………………❸37,38
Iメッセージ …………………❸35
アクセス ……………………❶6,7,9
アクティブ・ラーニング
　　　　❺20,21,23,25,26,29,38
アルファベット目標 …………❶9❸30
アントワープ大会 ……………❶15
EIF（拡大統合フレームワーク）
　　　　　　　　　　❺30,36
ESD（持続可能な開発のための教育）
　　　　　　　　❷20,22,23
1面 ……………………❹9,10,17
一般紙 ………………………❹6,8
イノベーション ………………❶6,7
意訳 …………………………❶9
色鉛筆 ………………………❸17
いろは歌 ……………………❸5,38
いろはかるた …………………❸5,22
韻 ……………………………❸11,38
インスタグラム ………………❺9,34,36
魚つき保安林 …………………❷24
衛生 …………………………❶6,7
エイプリルフール ……………❹23
駅はりポスター ………………❷7
エコバッグ …………………❸35
SNS …❹4,24,38❺8,9,11,23,34,35,36
SDGs意識の喚起 ……………❷9,12
SDGsサッカーボール …………❶28,37
SDGs全国子どもポスターコンクール
　　❷10,12,13,20,22❹35,36❺34
SDGs達成状況 ………………❹15
SDGsバッジ …………❶22,23❷11
SDGsポスター …❷9,12,17,18,26,28,32
　　　　　　　❺24,25,29
NIE …………❹6,7,18,22,23
NPO法人子ども大学くにたち …❷10,38
絵札 …………❸5,22,23,25,26,35
MDGs ………………………❺21
LGBTQ＋ ……………………❶11,38
沿岸生態系（沿岸の生態系）……❸30,31
エンパワーメント ……………❶6,7
汚職 …………………………❹29,38
オゾン層 ……………………❹14,38
オリンピックマーク …………❶15

◀か

カーシェアリング ……………❺15
カール・フォン・リンネ ………❶14
貝合わせ ……………………❸5

ガイダンス …………………❶36
開発途上国 …………………❶17,38
外務省仮訳 …❶6,9,38❷28,29,30,31
　　　❸4,7,28,29,30,31❹28,29
　　　　　　❺30,31,32,33
海洋酸性化 …………………❶9,38
隔日紙 ………………………❹6
学習新聞 ……………………❹6,21
額面ポスター …………………❷7
囲み記事 ……………………❹13,17
学級新聞 ……………………❹6,10,14
学校新聞 ……………………❹6,20
カップめん …………………❶13
壁新聞 …❹6,16,17,18,20,21,34
画用紙 ………………………❸22
カラーペン …………………❸17
カラーUD …………………❷14
環境分野 …❶19,35❷20,22,28❹4,5
キーワード …………………❹24
飢餓 …❶12,13,16,17,26,38❷18,19
機会の均等 …………………❺32,36
季語 …………………………❸10
気候変動 ……………❶27❷29
気候変動に関する政府間パネル（IPCC）
　　　　　　　　　　❷29,38
逆三角形 ……………………❹11
キャリア教育 ………………❺26,27,28,38
強靭（レジリエント）…❶6,7❸7❺6,7,31
禁止マーク …………………❷19
近代オリンピック ……………❶15
グラフィックデザイナー ………❷4,5
グラフィックデザイン ………❷5,38
グループ・ディスカッション …❺20
グループ・ワーク ……………❺20
クレヨン ……………………❸17,22
グローバル …………………❶6,7,19
黒田征太郎 …………………❷4,5,36
経済成長 ……………………❶17,27
経済分野 …❶19,35❺4,5,6,7,30
月刊紙 ………………………❹6
公共意識 ……………………❷8
広告 …………………………❷6,8
公正 …………………………❹29
後発開発途上国 ……………❸28,29,31,38
国際NGO ……………………❸31
国連 …❶4,6,13,14,25❺10,24,33,36
国連サミット …………………❶4,38
五七調 ………………………❸10,25
五大陸 ………………………❶15
5W1H ………………❹11,15,17
子ども向け新聞 ……………❹8
コラボレーション（コラボ）……❷36

語呂あわせ …………………❸11,38

◀さ

最終目標 ……………………❶8
再生可能エネルギー …………❸25,31,38
サプライチェーン ……………❺33,36
産業紙 ………………………❹8
GNV …………………………❹12,13,38
GPS …………………………❹4,38
ジェンダー …………………❷18
持続可能 …❶4,6,7,9❷20,22,23❸7,12
持続可能な開発に関する世界首脳会議（世界サミット）
　　　　　　　　❷22,38
持続可能な開発のための2030アジェンダ
　　　　　　　　❶8,38
持続不可能 …………………❷9
七五調 ………………………❸10,25
し尿 …………………………❷28
JICA …………………❷10❸21
社会分野 …❶19,35❹4,6,28❺4,5
車内づり（中づり）ポスター …❷7
週刊紙 ………………………❹6
17個の目標 …………………❷9,18,20,29
取材 …………………………❹17,23,26
障がい ………………………❶11
小島嶼開発途上国 …………❸28,29,31,38
書家 …………………………❸5,14
職場体験 ……………………❺28,29
食品ロス ……………………❹13,38
新聞 …………………………❸18,19
新聞コンクール ……………❹20,21
新聞大国 ……………………❹8
信頼性 ………………………❹6,22
森林の経営 …………………❶6,7
水彩絵の具 …………………❸22
数字目標 ……………………❶9
スクラップ …………………❹19
スクラップ新聞 ……………❹19
スマホ（スマートフォン）
　　　　❹24,26,38❺19
成果の不平等 ………………❺32,36
生態系 ………………………❶6,7,9,18
　　　❷24,25,28,30,31,38
生物多様性 …………………❶6,7
石版印刷（リトグラフ）………❷6
セッション …………………❹34
選挙ポスター …………………❷15
全国紙 ………………………❹8,9,10
泉州弁 ………………………❸26
先進国 ………………………❶17
専門紙 ………………………❹6,8
川柳 …………………………❸10,11,12